Zwei Trolle ohne Koffer
In Island 2015

*Faszination zwischen Trollen, Elfen, Geysiren,
weißen Gletschern und schwarzem Lavagestein.*

*Wir sind verzaubert von der Natur, der kristallklaren Luft
und der Mentalität der Isländer, die ihre Insel lieben,
hegen und pflegen und deren Glaube an die Trolle
bis heute ungebrochen ist.*

GABRIELA-ALEXANDRA SCHARFF

Zwei Trolle ohne Koffer In Island 2015

Grafik:
Kristina Bosshammer

Bibliografische Information der Deutschen Nationalbibliothek:
Die Deutsche Nationalbibliothek verzeichnet diese Publikation
in der Deutschen Nationalbibliografie;
detaillierte bibliografische Daten sind im Internet
über http://dnb.dnb.de abrufbar.

© 2016 Gabriela-Alexandra Scharff
Grafik: Kristina Bosshammer
Satz, Umschlaggestaltung, Herstellung und Verlag:
BoD – Books on Demand

ISBN: 978-3-7412-7995-9

Inhalt

URLAUB 7

REISEVORBEREITUNG 11

REISEBEGINN............................. 15
Hotel Wiking in Hafnarfjördur 17

REYKJAVIK 19

WALBEOBACHTUNGSFAHRT......... 21
Gletscherfahrt 23
Eisschollen................................ 23

RAUCHERBEIN 29

WASSERFALL, GEYSIRE UND
HEISSE QUELLEN 31

DER STOKKUR............................. 35

WASSERFALL GULLFOSE 37

MARGA UND HERR P........................ 39

GUNNUHVER 41
Nach Fludir zur blauen Lagune 43
Der Papageientaucher......................... 44

TOMATEN UND ISLANDPFERDE 45

MINIATUR-ISLAND –
LAVAGESTEIN UND GRÜNE KONTRASTE..... 49

KIRKJUFELL 51

ABSCHIED 53

ZUR AUTORIN............................. 56

Urlaub

Ehrlich, ich frage mich schon länger, was sich bei dem Gedanken an Urlaub in unseren Wahrnehmungen abspielt. Dass man immer wieder aufs Neue die Strapazen und Widrigkeiten freiwillig, mit immer wiederholt gleicher Vorfreude, in Kauf nimmt. Nach jeder Reise erzählt man stolz, was man alles gesehen hat und wie bezaubernd es war. Das könnte man doch heute im Zeitalter der Medien alles bequem zu Hause auf der gemütlichen Couch erleben. Tüte Chips, kühles Bier und ein Video, von Neuseeland bis in die Karibik. Ohne bei jeder Pipipause mit 20 anderen Menschen in der Schlange zu stehen. Oder dass es morgens doch jedes Mal eine Tortur bedeutet, bis man an seinen Kaffee kommt. Alle hektisch an das Frühstücksbüfett rasen, als gäbe es in wenigen Minuten nichts mehr. Städtereisen bei schlechtem Wetter sind auch besonders toll, wenn sich die Regenschirme verkeilen und alle dem Städteführer hinterherhecheln, man großes Interesse zeigt, obwohl man sehr schnell von den zugetexteten Informationen nichts mehr aufnehmen kann. Kürzlich erst haben wir eine Kaffeefahrt nach Polen, Ü 60, hinter uns gebracht, alleine die Anfahrt von 19 Stunden mit acht Pipipausen und geschwollenen Füßen; völlig übermüdet am ersten Ziel angekommen, war uns klar: nie wieder. Dieser klare Gedanke hielt allerdings nur während der Reise an.

Jeden Tag um 6.00 Uhr aufstehen, 6.30 Uhr frühstücken und spätestens von 7.30 Uhr bis abends um 18.30 Uhr vollgepacktes Ausflugspaket. Wir haben insgesamt mindestens zehn Kirchen besichtigt, ich jedenfalls konnte irgendwann keinen Unterschied mehr ausmachen. Krakau im Regen, Solinasee bei 30 Grad, doch, schön. Im Angebot war noch eine angepriesene romantische Kutschfahrt mit Volksmusik. Tatsache, zehn Minuten an der Hauptstraße entlang am Solinasee, um sich das laute Geplärre von „Rosamunde, Rosamunde" anzuhören und nicht flüchten zu können. Na ja, zumindest die Volksmusik stimmte, nur halt die deutsche Variante. Die Heimfahrt dauerte nur 13 Stunden, und was soll ich sagen: Kaum zu Hause, schwärmten wir von dem schönen Urlaub und erzählten stolz, was wir nicht alles gesehen hatten.

Da sitzt du zu Hause, kannst Kaffee trinken, wann du willst, die Toilette ist meist frei, blickst in deinen Garten und träumst vom nächsten Urlaub am Meer, von feinem glitzerndem Sandstrand und strahlendem Sonnenschein. Die Realität ist, du erkämpfst dir erst mal eine Sonnenliege, bestückst diese mit deinem Badehandtuch, damit für diesen Tag schon mal die Besitzverhältnisse geklärt sind. Am liebsten würdest du direkt zwei reservieren, eine morgens in der Sonne und ab der Mittagshitze eine im Schatten. Das funktioniert natürlich nicht. Nachdem du dich mit der klebrigen Sonnenmilch eingeschmiert hast und endlich in Position zum Bräunen und Entspannen liegst, kommt ein Windchen auf und bläst dir den feinen Sand über deinen ganzen Körper. Dieser schön aussehende Sand legt sich wie eine unfreiwillige Peelingcreme auf deine Haut, und nicht nur das, auch zwischen deine Zähne, und kitzelt dich in den Ohren. Also ab ins Meer, nur über den Sand kannst du barfuß schon mal nicht mehr laufen, so heiß ist er. Das bedeutet: mit den Flipflops in die kühle Brandung, um dich von der klebrigen Peelingmasse zu befreien. Dieser Vorgang wiederholt sich dann noch etliche Male, oder du lässt die Sonnencreme weg und siehst abends aus wie ein gekochter Hummer. Das alles soll schön sein? Und deine Nachbarn für diesen Tag kannst du dir auch nicht aussuchen, entweder macht es sich eine Großfamilie mit drei bis fünf quengelnden Kindern neben dir gemütlich oder zehn Jugendliche mit ihrem tragbaren Kassettenrekorder. Natürlich ist es schön, im Nachhinein schauen wir uns ohne Sand im Mund, ohne Hardcore im Hintergrund die romantischen Sonnenaufgangsfotos an.

Alle Unannehmlichkeiten sind vergessen.

Doch die beeindruckendsten Reisen, welche man sich antut, sind doch die Ferien mit den Kindern an der Nordsee. Man will ihnen ja schließlich etwas bieten. Zwangsläufig in der Hauptsaison ab in den Urlaub. Koffer sind verstaut, da geht es schon los, weiß meine Freundin jedes Jahr aufs Neue zu berichten. Mandy, ihre 14-Jährige, hat als Erstes den Platz am rechten Fenster blockiert, schnell die Ohrstöpsel ihres Handys im Ohr, um zu demonstrieren, dass sie mit ihnen nichts zu tun haben möchte. Die beiden Jungs, Lucas mit acht Jahren und Jonas mit fünf, prügeln sich um den Platz am linken Fenster, klar, Jonas – im Kräftevorteil – gewinnt. Lucas gnatscht noch gefühlte 20 Minuten. Exakt zehn Minuten vor dem zu erwartenden Stau vor Antwerpen, welcher sich über unerträgliche zwei Stunden zog, war nicht nur der Akku von Lucas' Gameboy leer, nee, auch der Akku von Mandys Handy. Eine Katastrophe: neben „Ich muss Pipi", „Ich habe Hunger", „Ich habe Durst" der Singsang aus der hinteren Reihe, wie blöd dieser Urlaub doch sei.

Und komisch, da sind die Quälgeister sich doch glatt einig. Nachdem sie es geschafft hatten, sich dem ersehnten Ziel zu nähern und vor allem Mandy die ersten Ferienhäuser am Meer mit eigenem Pool entdeckt hatte, besserte sich ihre Laune, bis zu dem Moment, wo Betty ihr erklären musste, dass ihr kleines Häuschen am anderen Ende läge, und ohne eigenen Pool. Kaum angekommen, kommentierte Mandy, dass sie nicht in dieser Baracke schlafen würde und wie peinlich das wohl wäre. Lucas und Jonas fanden es zunächst auch sterbenslangweilig, nach ein paar kindgerechten Ausflügen entspannte sich die Lage aber zumindest zeitweise. Mandy nahm außer an den Mahlzeiten aus Prinzip an nichts teil und verbrachte die Zeit damit, ihren Freundinnen – so wie es Betty und ihrem Mann schien – im Fünfminutentakt zu simsen, wie doof es doch mit Eltern an der Nordsee sei.

Wir konnten es dann wirklich alle nicht glauben: Nachdem sie wieder glücklich zu Hause waren, fragten die Jungs, ob sie nächstes Jahr wieder dort hinfahren würden, es wäre doch soooo toll gewesen, und Mandy wollte nur das nächste Mal ihre Freundin Lucie mitnehmen.

Also, ich finde, es hat sich rein nichts geändert an den Wahrnehmungen bezüglich der Gedanken an den nächsten Urlaub.

Reisevorbereitung

Auch diese Reise hatte ich ausgesucht, um das Land zu besuchen, welches erst im neunten Jahrhundert von den Skandinaviern entdeckt worden war, und mir vorgenommen, dies in Zukunft auch so zu halten. Ich musste meinem Mann bei der Reiseplanung zuvorkommen, da ich sonst garantiert am Ende der Welt landen würde.

Das letzte Mal hat er mir einen Monat Kolumbien geschenkt, so zwischen Malariafliegen, der FARC und Cholera-verseuchtem Wasser. Ich musste mich vor jener Reise noch gegen Gelbfieber impfen lassen. Ab 60 Jahren erhält man diese Impfung gar nicht mehr. Ich als stolze Mittfünfzigerin erhielt sie noch, lag danach aber erst mal gefühlte Wochen im Sterben. Heute, wieder sicher zu Hause, finde ich Südamerika natürlich wunderschön.

Herrlich, nur circa vier Stunden Flug, und zehn Tage Natur pur genießen.
Und so, wie ich gelesen hatte, das alles bei angenehmen 18 Grad Temperatur.
Man hatte nicht erwähnt, dass diese nur erreicht werden, wenn man absolut windgeschützt sitzt, um die Mittagszeit und wenn aber auch wirklich kein Wölkchen den Himmel über Island trübt.
Bei 18 Grad haben die Kinder in Island hitzefrei.
Das erklärt ja wohl alles.

Voller Vorfreude warteten wir schon etwas ungeduldig auf die endgültigen Reiseunterlagen. Ich musste mich schließlich mental frühzeitig vorbereiten.
Meine innere Unruhe vor jeder Reise kompensiere ich, indem ich den Zettel an die Nachbarin noch etliche Male neu schreibe, die Blumen ertränke in der Sorge, unsere liebenswerte, doch immerhin schon 80 Jahre alte Nachbarin könnte es doch vergessen, sie zu versorgen. Außerdem muss ich meinen Koffer immer wieder öffnen, um zu kontrollieren, ob die Anzahl der Socken mit der der Reisetage übereinstimmt.

Nun, die Reiseunterlagen kamen und von diesem Moment an erforderte es meine ganze Aufmerksamkeit, mir die Zug-, Gleis-, Gate- und Terminalnummern einzuprägen, da es meine größte Sorge ist, im verkehrten Zug oder Flieger zu sitzen.

Und bis ich vor Ort meine Lesebrille gefunden habe, könnte es ja schließlich schon zu spät sein.

Es ist zwar nicht so, dass mein Mann des Lesens nicht mächtig wäre, doch Kontrolle ist ja wohl echt besser, außerdem kann er meine Vorbereitungsnot absolut nicht teilen. Ich weiß auch gar nicht, wie er es damals ohne mich um die halbe Welt geschafft hat. Es lag sehr wahrscheinlich daran, dass es ihm auch egal war, ob er in Bali oder in der Karibik landete.

Mein Mann riss mich plötzlich aus meiner gedankenverlorenen Welt der Reisevorbereitung mit der Frage: „Schaaatz …?" Oh Mann, wie ich dieses in die Länge gezogene „Schaaatz" hasse. Ich weiß genau, jetzt kommt nichts Gutes.

„Wusstest du, dass wir in Berlin zwischenlanden?"

Entsetzen in meinen Augen. „Nein, wieso?"

Ich verfüge über einen mittlerweile automatisierten Verdrängungsmechanismus bei mir unangenehmen Themen, also widmete ich mich, meinen Mann mit seinen nun wirklich nervigen Fragen ignorierend, weiter meinen Vorbereitungen.

„Kann man mich nicht einfach in Ruhe lassen?" Nein, aus dem Nichts ertönt seine Stimme erneut: „Weil du es so gebucht hast …"

„Ich habe gar nichts über Berlin gebucht."

„Doch … du hast den Flug ab Frankfurt gebucht. Wir fahren also von Aachen nach Köln, von wo aus wir hätten fliegen können, dann mit dem ICE nach Frankfurt, von Frankfurt fliegen wir nach Berlin und von Berlin nach Island, das ist nicht dein Ernst."

Er erwartete doch jetzt nicht wirklich eine Antwort.

Ich stand, bzw. saß, gerade in einem absoluten, in diesem Leben nicht mehr zu verarbeitenden Schockzustand.

Nichts gegen Fliegen, doch Starten und Landen sind für mich immer noch ein Graus, und langsam wurde mir klar, dass ich dies nun in gerade mal 14 Tagen – die Zeit reichte niemals aus für einen gedanklichen Eingewöhnungsprozess –gleich zweimal hin und zweimal zurück vor mir hatte.

Und das für eine Flugstrecke von gerade mal 2 375 km, von Köln wären es sogar nur 2 156km gewesen.

Ich teilte ihm abgeschwächt zickig mit, dass es mir nicht bewusst gewesen sei und dass wir ja das letzte Mal auch von Frankfurt geflogen seien. „Ja, nach Südamerika! Nur diesmal fliegen wir nach Island."

„Na ja, dein Motto, welches mich im Übrigen ziemlich nervt, lautet doch: Der Weg ist das Ziel."

Funkstille zwischen uns.

So beschloss ich, den Abend und den damit verbundenen Istzustand mit einer Flasche Wein zu ertränken. Alkohol ist keine Lösung, doch ohne ihn war dieser Zustand schon gar nicht zu ertragen.
Die weiteren Tage verliefen recht schweigsam zwischen uns. Doch sie vergingen aber auch und endlich war es soweit.

Reisebeginn

Wir hatten den 15. Juli und die Reise konnte beginnen. Trotz Reisefieber hatte ich richtig gut geschlafen. Während ich mich aus dem Bett trollte und meine Füße die Birkis suchten, stellte ich fest: Die linke Sandale passt nicht mehr zu meinem Fuß. Ich schaute im Dämmerlicht, welches durch die Rollos nach innen drang, hinunter, um das Verhältnis zwischen Fuß und Sandale in Augenschein zu nehmen. Mein Fuß war elefantös geschwollen. So schnell es den Umständen entsprechend ging, humpelte ich die Treppe hinunter, um meinen Mann von diesem Drama in Kenntnis zu setzen. Diesmal rief ich: „Schaaatz, schau mal!" Er: „Dein Fuß ist dick." „Ach nee …"

Die Wanderschuhe konnte ich erst mal vergessen, also: Koffer wieder auf, Schuhe rein. Dachte enorm positiv, dass sich dieses Problem wohl schnell von selbst wieder erledigen würde. War ja schließlich auch von selbst gekommen.

Im Keller fand ich ein paar nicht wirklich schöne, doch ziemlich ausgetretene türkisfarbene Stoffschühchen. Ich ahnte ja noch nicht, dass sie die einzigen Begleiter meiner Füße während der gesamten Reise werden sollten.

Fast vergessen zu erwähnen: Wir hatten Juli 2015 und saßen jetzt schon völlig verschwitzt bei 38 Grad am ersten Bahnhof. Demonstrativ thronte mein dicker Fuß gequetscht in den Stoffschühchen auf dem Koffer, in der Hoffnung, jemand werde sein Mitgefühl bekunden. Mein Mann jedenfalls schon mal nicht. Doch immerhin schleppte er den Koffer.

Zunächst lief alles glatt, der richtige Zug, das richtige Flugzeug, in Berlin noch mal genügend Zeit für ein Käffchen, eigentlich auch für zehn.

Wie geplant landeten wir um 0.15 Uhr in Reykjavik und hasteten in Richtung Kofferlaufband.

Geduldig standen wir über eine Stunde auf das Band starrend, immerhin schon mal am richtigen Ort. Nur: Es passierte nichts.

Im Abstand von fünf Minuten rollte der eine oder andere Koffer an uns vorbei und dessen glückliche Besitzer trollten sich von dannen.

Mir war es schon erbärmlich kalt, was sicherlich auch an der Übermüdung lag, aber wohl eher daran, dass ich dort in meinem netten Sommertop stand bei zwölf Grad, während sich meine geliebte Winterjacke im Koffer befand. Dort wäre sie aber auch nicht gewesen, hätte mein Mann nicht darauf bestanden, sie am Flughafen endlich einzupacken statt sie umständlich mit mir herumzuschleppen.

Nachdem sich unsere Lethargie langsam löste und wir so gegen 1.30 Uhr begriffen, dass da heute wohl keine Koffer mehr zu erwarten waren, schauten wir uns in der Halle um.

Am anderen Ende sahen wir Menschenmassen wild gestikulierend und schimpfend in Viererreihen vor einem Schalter stehen. Dort reihten wir uns ein und erfuhren, dass alle von Berlin kommenden Passagiere vergeblich auf ihre Koffer hofften.

Was war ich froh, dass mein Mann mir jegliche bissigen Kommentare ersparte.

Es dauerte ewig, bis alle ihren Zettel mit Beschreibung ihres Koffers, Hotels und ihrem Namen ausgefüllt hatten. Das ganze in Englisch, na, besser als in Isländisch, sonst stünden wir heute noch dort.

Um 3.40 Uhr schafften auch wir es, mit der Kopie des Kofferzettels nach draußen zu gelangen.

Die völlig entnervte Reiseleitung teilte uns mit, dass sie auch nicht länger mit dem letzten zur Verfügung stehenden Bus auf uns gewartet hätte. Na, ganz toll.

War mir nun auch schon egal, nichts wie rein in den Bus, um endlich am ersten Ziel anzukommen.

Hotel Wiking in Hafnarfjördur

Das Hotel Wiking in dem Hafenstädtchen Hafnerfjoerd, einem Vorort von Reykjavik, wirkte vielversprechend urig, gemütlich im Wikingerstyle gehalten, und zudem hatten wir Glück mit unserem Zimmer, das mit einem kleinen Kleiderschrank – welcher mir ohne Gepäck allerdings überflüssig erschien – und einer Dusche ausgestattet war. Das war, wie wir später erfuhren, nicht in allen Zimmern der Fall.

Inzwischen, um 5.00 Uhr morgens, war zumindest bei mir an Schlaf nicht zu denken – vor allem in dem Bewusstsein, dass wir pünktlich um 7.00 Uhr frühstücken mussten und die erste Tour um 8.00 Uhr begann.

Um 7.00 Uhr, ungewaschen, Haare zottelig in Sommerklamotten und offenen Stoffschuhen bei neun Grad, fühlte ich mich echt mies.

In unserem Hotel waren alle im Direktflug von Köln nach Island gekommen und somit auch im Besitz ihrer Koffer. Ein attraktiver, junger Mann suchte sein „Mäuschen", „Mäuschen" kam mit prallgefülltem Frühstücksteller um die Ecke, ein kleiner geschätzter Anderthalbtonner. Also, ich würde sagen „Maus", ausgewachsen. Doch Hauptsache glücklich, und dieses strahlten die zwei aus.

Wir sollten bald die Hilfsbereitschaft unserer Gruppe zu schätzen lernen. Über ein paar Socken für meinen Mann und eine Windjacke für mich, auch wenn die Ärmel etwas kurz waren, freuten wir uns riesig.

Reykjavik

Pünktlich um 8.00 Uhr war Abfahrt zur Stadtbesichtigung nach Reykjavik, der am nördlichsten gelegenen Hauptstadt der Welt mit 121 230 Einwohnern, von insgesamt 319 000 Einwohnern der Insel.

Besichtigung des imposanten Perlan im Stadtteil Oskjuhlioe. Unter einer bläulich schimmernden Glaskugel auf dem riesigen Heißwasserspeicher der Stadt befinden sich Geschäfte und ein Restaurant, von dem man eine fantastische Aussicht auf die Umgebung hat.

Die Tanks versorgen die Stadt und im Winter werden von dort aus sogar weite Teile der Straßen und Gehwege beheizt. Das wäre für mich die Rettung im Winter, denn mein Auto und ich zittern schon beim Anblick einer Schneeflocke.

Danach sahen wir uns die evangelisch-lutherische Pfarrkirche mit ihrer großen Konzertorgel mit 5 275 Pfeifen an.

Und nun ab zum Hafen. Dort befindet sich die Harpa, ein Konzerthaus mit einer beindruckenden Glasfassade. In der Harpa spielen das isländische Symphonieorchester sowie die isländische Oper. Ich hätte mir heute jede Oper angehört, denn da wäre es zumindest warm.

Walbeobachtungsfahrt

A m Hafen warteten wir auf unser Schiff, welches uns im Atlantik 300 km vor Grönland zur Wal- und Delfinbeobachtung schippern sollte. Zu diesem Zeitpunkt, halb erfroren, hasste ich Reykjavik und eigentlich ganz Island.

Es blieb wenigstens trocken, wenn auch sehr stürmisch, und ich stellte mich in Position, um die besten Fotos meines Lebens zu machen. Tatsächlich entdeckte ich hier und da die Schwanzflosse eines Buckel-, Schweins- oder Minkewals. „Fragezeichen."

Der Kapitän rief zwar alle drei Minuten zum Beispiel: „30 Grad Nordost!", oder „60 Grad Südwest!" Doch bis ich begriffen hatte, wo sich mitten im Atlantik Norden, Süden oder Westen befand, waren die Meeressäuger schon wieder weg. So hastete ich von einer Schiffsseite auf die andere, Fotoausbeute gleich null.

Was meine Laune nicht besserte.

Abends, zurück in Hafnarfjördur, entdeckten wir einen noch offenen Supermarkt, in dem wir uns zumindest mal mit Zahnbürsten und Duschgel ausstatteten.

Auch wurden wir mit einem köstlichen Abendessen im Wikingerspeisehaus mit unserer Lage etwas versöhnt.

Von unseren Koffern allerdings weiterhin keine Spur.

Die folgende Nacht wurde grausam, ich hatte mir an fast allen Zehen offene Blasen gelaufen. Es schmerzte furchtbar, und dass das Pflaster sich im Koffer befand, muss ich wohl nicht erwähnen.

Es ertönten tiefe Atemgeräusche aus dem Nachbarbett, klar, mein Mann schlief.

Nun fühlte ich mich mit meinem Unglück auch noch alleingelassen, saß verzweifelt auf meinem Bett und grübelte, während meine Tränen drohten, das Bett aufzuweichen.

Dann kam mir die Idee – ich holte mir die einzige vorhandene Toilettenpapierrolle, wickelte nun liebevoll die einzelnen Blätter um meine Zehen, so dass sie nicht mehr sooo schmerzhaft aneinander rieben, und verbrauchte den Rest zum Naseschnäuzen.

Später übermannte auch mich die Müdigkeit und ich schlief bis zum nächsten Morgen durch.

Mein Mann, ausgeschlafen und guter Dinge, vermisste natürlich am nächsten Morgen sein Toilettenpapier und forderte tatsächlich, ich solle es von meinen Füßen wickeln. Nee, so nicht. Sollte er doch sehen, wie er sich welches besorgte.

Völlig gerädert erlitt ich im Frühstücksraum einen Nervenzusammenbruch und ertränkte mich in einem Schwall von Tränen und, wie ich fand, in berechtigtem Selbstmitleid.

Nachdem ich die Aufmerksamkeit aller Mitreisenden auf mich gelenkt hatte, waren meine Füße vor dem nächsten Ausflug zu den Gletschern zumindest in kurzer Zeit mit Wundspray und Pflaster versorgt.

Oh, war ich dankbar, und meinem Mann stopfte ich das Toilettenpapier demonstrativ in die Hosentasche mit der Bemerkung, er solle gut drauf aufpassen.

Mein Mann war wie immer total tiefenentspannt in seinen Stinkesocken.

Gletscherfahrt

Nach einer kurzen Busreise erreichten wir Langjoekull, den zweitgrößten Gletscher Islands. Dort stiegen wir in die imposanten „Ice-Explorer" um. Mit den speziell umgebauten, vierachsigen Gelände-LKWs mit extrem breiten Reifen und einem ausgereiften Navigationsgerät fahren die erfahrenen Guides sicher über die Schneemassen.

Eisschollen

Es ging recht wackelig steil bergauf, vorbeiziehend an mehreren Trainingslagern für Schlittenhunde. Oben angelangt hatten wir einen fantastischen Ausblick auf die unberührte Gletscherlandschaft und Vulkane bei strahlendem Sonnenschein. So wurden meine Füße in den Stoffschühchen zumindest nicht von oben nass.

Den freien Nachmittag verbrachten wir in der Innenstadt von Reykjavik. Das ist ein Muss, und ich hätte nicht gedacht, wie bunt sich diese Stadt zeigt.

2008 brachen die zu Großbanken mutierten isländischen Finanzinstitute, die durch weltweit grassierende Spekulationen in wenigen Jahren aufgebläht worden waren, zusammen und drohten die damals 320 000 Isländer in Chaos und Not versinken zu lassen. Und als ob das noch nicht genug gewesen wäre, brach im März 2010 auch noch der Vulkan Eyafjallajoekull aus, welcher in weiten Teilen des Kontinents den Flugverkehr über Tage behinderte. Aber die tüchtigen Isländer schafften es, bis 2014 den Staatshaushalt auszugleichen.

Die drei großen Banken wurden kurzerhand verstaatlicht oder zerschlagen. Einige der Bankiers sitzen in Haft und deren feine Schlitten parkten über Jahre in einem brachliegenden deutschen Bauhaus, welches die Isländer zunächst ablehnten. Heute profitieren sie von den guten Preisen des Bauhauses. Da kann man doch nun wirklich nur sagen: Respekt.

Island lebt, neben dem Fischfang, von Landwirtschaft, riesigen Schafherden – wobei sich „riesig" nur auf die Menge bezieht, denn in Island ist alles viel kleiner, als wir es kennen –, dem Tourismus, von der Wasserkraft unzähliger Wasserfälle und der Zucht der Islandpferde, die, sollten sie zu einem Turnier das Land verlassen, nicht wieder zurückkommen dürften aus Angst vor Krankheiten.

Und die geothermischen Ressourcen der vielen Heißwasserquellen, die grüne Energie, bieten ihnen gute Voraussetzungen für die Aluminium- und Agrarindustrie.

Nachdem ich mich etwas mit meinem Schicksal abgefunden hatte, begann ich Island richtig zu mögen.

Abends im Hotel die Ernüchterung: Die Koffer hatten den Weg von Berlin nach Island nicht gefunden und machten wahrscheinlich einen Ausflug zu den Bahamas.

Gut war zumindest, dass die Heizungen in Island ganzjährig betrieben wurden, so dass jeweils bis zum nächsten Morgen die von Hand gewaschene Wäsche –was heißt hier schon Wäsche, T-Shirt und Socken – wieder trocken waren.

Raucherbein

Nach dem Abendessen trafen sich die Raucher immer noch mal, ich zumindest vor Kälte bibbernd, auf ein letztes Zigarettchen. Eine Mitreisende erkundigte sich besorgt nach der Schwellung meines Fußes. Schnell befreite ich diesen aus dem Turnschuh und hielt ihn ihr unter die Nase. Ich inhalierte gerade einen kräftigen Zug aus meiner Zigarette, als sie mir mitteilte, sie sei Ärztin, zwar keine Internistin, doch der Fall sei ja wohl klar: Das sei ein Raucherbein. Vor Schreck verschluckte ich mich an dem Qualm und wäre fast erstickt, na ja, dann hätte sich das Problem eh von alleine erledigt. Der Fuß sah aber auch wirklich ekelig aus.

Von dieser Sekunde an betrachtete ich ihn aus einer völlig anderen Perspektive und dachte über die Sünden meines Lebens nach.

Seitdem vermied ich den Kontakt zu ihr, obwohl sie eigentlich nett war, doch ich musste ganz schnell meinen Verdrängungsmechanismus in Gang setzen, um die restlichen Tage hier noch einigermaßen genießen zu können, und das bitte ohne weitere furchtbare Vermutungen.

Wir hatten eine wirklich harmonische Gruppe, bis auf Theresia.

Theresia bestand auf der korrekten Aussprache ihres Namens: nicht etwa Therese oder Tess, nein, Theresiaaa.

Nun entsteht manchmal schnell auch eine gemeine Gruppendynamik. Wie abgesprochen begrüßten wir sie, sobald sie schlecht gelaunt den Bus betrat, alle zusammen mit einem fröhlichen: „Guten Morgen, Theresiaaa."

Sie suchte sich, uns alle ignorierend, einen einsamen Platz und, wie ich denke, nutzte die Zeit, darüber nachzudenken, wie sie uns alle am besten entsorgen könne.

Wasserfall, Geysire und heiße Quellen

Der Ausflug heute führte uns in den Südwesten Islands, zu dem gigantischen Wasserfall Gullfose, den Geysiren und in den Nationalpark Thingvellir.

Zunächst wanderten wir durch das Haukadalur mit seinen heißen und blubbernden Quellen. Es ist ein Farbenspiel, unglaublich schön.

Wir sind begeistert, überall dampft die Erde und wunderschöne Nebelschwaden verzaubern die Landschaft.

Der Stokkur

Nun kommen wir noch zum Höhepunkt dieses Ausfluges, dem Stokkur, einer kochend heißen Fontäne, welche alle paar Minuten spuckt, und das bis 35 Meter hoch.

Unterwegs sieht man viele natürliche Flussläufe, welche neben den vielen Wasserfällen auf ein im Vergleich noch recht junges Land schließen lassen.

Wasserfall Gullfose

Am größten und schönsten Wasserfall Islands hatten wir Glück, denn die Sonne bahnte sich ihren Weg durch die Wolkendecke.

Ich erinnerte mich an die zauberhaften Regenbogenfotos aus den Werbeprospekten und dachte: Das ist heute deine Chance.

Also machte ich mich zügig auf den Weg zu dem kleinen Steg, welcher hinter den Wasserfall führt. Ich war nach wenigen Minuten klitschnass. Nass von Kopf bis Fuß. Für ein außergewöhnliches Foto muss man halt etwas in Kauf nehmen, dachte ich so bibbernd vor mich hin.

Mich und meinen Fotoapparat in Position bringend, während ich vor lauter Wassertropfen, die von meinen Haaren in meinen Augen landeten, eh kaum noch etwas sehen konnte, passierte das, was bei meinem Glück passieren musste: Die Sonne war weg.

Ja, weg. Das konnte doch jetzt nicht wirklich wahr sein. Eh schon mal nass, harrte ich noch einige Minuten aus in der Hoffnung, die Sonne hätte Erbarmen mit mir und würde sich noch mal zeigen. Nein, tat sie nicht. Über den glitschigen Pfad bahnte ich mir enttäuscht den Weg zurück. Da stand er, mein Mann, breit grinsend in Position, um, wie er meinte, sein bestes Foto zu schießen: von einem kleinen, frustrierten, nassen Troll. Das gab mir nun wirklich den Rest, und wie gerne hätte ich ihm einen Eimer Wasser über den Kopf geschüttet.

Marga und Herr P.

Den Abend verbrachten wir diesmal etwas länger im Restaurant, um mit einem Teil der Gruppe noch ein Bierchen zu trinken. Theresiaaa war natürlich nicht mit von der Partie.

Später kam Marga dazu und erzählte freudig, im Hotel eine windgeschützte Terrasse mit Blick auf den Hafen entdeckt zu haben. Da wir zwei uns eh gut verstanden, beschlossen wir, uns dort hinzubegeben. Dort angekommen sagte ich zu Marga: „Schau mal, hier unten ist auch der ‚Hot Pott' des Hotels." Marga stand errötend neben mir. „Da ist ja wohl keiner drin?" Nee, menschenleer, wieso eigentlich? Irgendwie wirkte sie plötzlich ziemlich verkrampft. Wir setzten uns in Decken eingemummelt in eine gemütliche Nische und Marga erzählte mir, dass sie es auf gar keinen Fall ertragen könne, fremde nackte Menschen zu sehen. Nun, mir als Hobbypsychologin waren solche Themen nur recht und ich setzte nun alles daran, dieses Problem so schnell wie möglich zu analysieren. Wir kamen allerdings nicht wirklich zu einem befriedigenden Ergebnis.

Nun ja, ich denke, es lag nun wirklich nicht an mir, ich hatte mir alle Mühe gegeben.

Doch trotz der Decken wurde uns kalt und wir beschlossen, zu den anderen zurückzukehren.

So, und da geschah es, Herr P. kam, so wie mir schien, in Zeitlupe mit einem durch den Aufenthalt im ‚Hott Pott' völlig entspannten strahlenden breiten Grinsen im Gesicht pudelnackt die Treppe herauf, direkt frontal auf Marga zu.

Sein Dudel schwenkte fröhlich im Takt auf und ab. Marga neben mir erstarrte zu einer Eissäule, ich sah, wie ihr Blick am Dudel des Herrn P. hängenblieb. Ihr hättet sie sehen müssen.

Als ihre Starre etwas nachließ und Herr P. selbstbewusst und nichts Böses ahnend immer näher auf uns zukam, schrie Marga ohrenbetäubend und völlig hysterisch auf und flüchtete, so schnell sie konnte, ins Hotel. Ich hingegen hatte Mühe, meine Lachmuskeln unter Kontrolle zu bekommen, und eilte hinter ihr her. So ließen wir den armen Herrn P. mit, wie ich denke, merkwürdigem Gefühl zurück. Zu unserem Glück litt der arme Kerl unter beginnender Demenz und zeigte sich am folgenden Morgen wie immer fröhlich und ungezwungen.

Gunnuhver

Heute stand das geothermale Feld Gunnuhver auf dem Programm, wo die Trollfrau Gunna wohnte.
Das größte Schlammquellengebiet Islands. Direkt unter der Erdoberfläche werden Temperaturen bis 300 Grad erreicht. Da bleibst du freiwillig auf den ausgewiesenen Pfaden, es sei denn, du möchtest deine Füße in Sekunden gar kochen.

Hier blubbert, zischt und dampft es aus allen Erdlöchern und es ist angenehm warm. Gase schlagen sich in wunderbaren Farben nieder, Wasser tritt unter Druck als Dampf an die Erdoberfläche. Ein fantastisches Naturschauspiel.

Und genau hier lebte vor langer Zeit Gunna, welche, nachdem sie ihre

Schulden nicht mehr bezahlen konnte und man ihr allen Besitz nahm, wahnsinnig wurde und starb.

Doch als man sie zu Grabe tragen wollte, wurde der Sarg immer leichter und sie verschwand. In der Folgezeit erschien sie in den Nächten und brachte Krankheit und Tod über das Gebiet.

Da hatte Pastor Eirikur die rettende Idee. Man gab ihr ein Wollknäuel, da man wusste, dass sie dem nicht würde widerstehen können. Sie sollte es an einem Ende festhalten und man rollte den Rest an einen Ort, wo sie keinen Schaden mehr anrichten konnte. Gunna rannte, so schnell sie konnte, um ihr Knäuel aufzurollen, und stürzte in eines der blubbernden Löcher. Ihre Schreie wurden von einigen gehört. Danach kehrte Frieden ein.

Das ist eine der tollen sagenumwobenen Geschichten der Isländer.

Nach Fludir zur blauen Lagune

Am Nachmittag fuhren wir nach Fludir zur heißbegehrten ‚Blauen Lagune'. Dafür hatten wir uns am Vortag noch Badesachen kaufen müssen, und das erwies sich nun wirklich als schwierig, denn wer kauft in Island schon Bikinis? Ich ergatterte einen Alt-Oma-Badeanzug mit Blümchen und mein Mann eine nette Badehose mit Punkten. Schlimmer ging es kaum.

Doch Hauptsache, wir konnten so an dem Traumerlebnis teilhaben. Wir aalten uns in dem 38 Grad warmen Wasser, dem man eine heilende Wirkung nachsagt. Davon ließ sich mein Fuß allerdings nicht beeindrucken. Das Wasser enthält Kieselerde, Mineralsalze und blaugrüne Algen.

Aus Bottichen konnte man mit einer Schöpfkelle Kieselerdeschlamm entnehmen, diesen im Gesicht verteilen und zu einer weißen Maske hart werden lassen. In der Hoffnung auf einen Verjüngungseffekt liefen wir alle wie maskierte Clowns herum. Also, ich fand, ich sah hinterher schlimmer aus, denn durch die Hitze und den Schlamm im Gesicht war mein Gesicht knallrot und aufgedunsen. Trotzdem war es herrlich, in dem blau schimmernden, dampfenden Wasser zu verweilen, mit Blick in die grandiose Natur.

Am Abend konnten wir es kaum glauben: Wie aus dem Nichts standen sie da, unsere Koffer.

Mal unter uns gesagt: Zwei Tage vor unserer Abreise brauchte ich sie auch nicht mehr.

Eigentlich schleppt man sowieso immer viel zuviel mit, es sei denn, man gehört zu den Menschen, welche sich selbst im Urlaub täglich ihre Fingernägel passend zur Handtasche umlackieren. Ich bin eigentlich immer schon zufrieden, wenn meine beiden Socken dieselbe Farbe haben.

Nun, immerhin war jetzt meine geliebte, warme Jacke da, und das allabendliche Ritual des Sockenwaschens hatte ein Ende. Es blieb wohl bei meinen Stoffschühchen, denn meinen Fuß bekam ich nach wie vor nicht in den Wanderschuh gequetscht und das Spektakel sollte auch noch für Monate anhalten. Nur um es vorweg zu nehmen, ein Raucherbein war es nicht.

Die verbliebenen restlichen Tage, mittlerweile dem Zauber Islands erlegen, verliefen – nun in angemessener Kleidung –einfach nur schön. Wir sind von der mystischen Natur sowie den Isländer selbst begeistert. Es ist ein ruhiges, ausgeglichenes Volk, welches sein Land liebt und schätzt.

Der Papageientaucher

So lieben die Isländer auch ihren Papageientaucher, von den Isländern „Lundi" genannt.

Dieser hübsche Vogel lässt sich nur selten sehen, da er als faul gilt und nur kurz zur Futtersuche sein gemütliches Nest verlässt.

Sie halten sich außerhalb der Brutzeit auf dem offenen Meer auf. Im April beginnt die Balz auf dem Meer und sie kommen verpaart zum Brüten an Land. Männchen und Weibchen sehen gleich aus, das Männchen ist lediglich ein wenig größer.

Tomaten und Islandpferde

Unterwegs auf dem Weg zu einer Tomatenfarm und Pferdezucht erzählte uns unsere Reiseleitung, dass der geplante Autobahnbau zwischen der Halbinsel Alftanes und Gardabaer im Jahr 2013 gestoppt worden sei. Nicht zu glauben, doch wahr –dies wurde durch den Traum eines Bauleiters ausgelöst. Er träumte, dass alle Baumaschinen kaputtgehen würden, sollte man hier weiter bauen. Und tatsächlich waren am nächsten Morgen schon etliche Maschinen defekt. Dafür konnte es nur eine Erklärung geben: Hier lebten Elfen oder Trolle. So wurde die Elfenbeauftragte Erla Stefansdottir herbeizitiert und um Rat gefragt. Sie erklärte, dass der Wohnraum eines geheimen Volkes sowie eine Elfenkirche in Gefahr seien. Es ist für uns nicht vorstellbar, doch die Autobahn wurde verlegt.

Während der Fahrt fiel uns auf, dass die wunderschönen kobaltblau-violetten Alaska-Lupinen große Landstriche bedeckten. Sie waren 1945 eingeführt worden, um die Bodenerosion zu stoppen und die mageren Böden zu düngen. Gletscher der Eiszeit hatten ganze Arbeit geleistet und dafür gesorgt, dass nicht viele großwüchsige Pflanzen übrigblieben. Doch vor allem der Wind und Geröllawinen sorgten für große Erosionen. Doch das schön anzusehende Bild ist trügerisch. Zunächst hatten die Isländer die Lupinen im Tiefland angebaut, doch sie breiteten sich unerwartet schnell bis in die Hochebenen aus, wo sie mittlerweile ein Problem darstellen, da diese kräftige Pflanze das Wachstum der einheimischen Moose, Kräuter und Flechten bedroht.

Nun versuchen die Einheimischen das Wachstum der Lupinen vor allem ab 300 Metern Höhe einzudämmen, sie zu vertreiben und auszugraben. Ein hartes Stück Arbeit kommt da auf sie zu.

Nach einer diesmal recht langen Fahrt erreichten wir die Farm der Familie Fridheimar.

Sie hatten sich ein richtig idyllisches Fleckchen Erde geschaffen. Nach einer bezaubernden kleinen Reiterschau wurden wir von der ganzen Familie begrüßt und gebeten, in Frieden zu kommen und auf gar keinen Fall die Pferdchen zu füttern, da diese sehr eifersüchtig seien und es dann unverzüglich zu einem Gerangel und Kämpfen käme. Tja, da kannten sie aber die deutschen Touristen schlecht, vor allem Theresiaaa. Theresiaaa erkannte man immer schon von Weitem. Sie trug zwar täglich wechselnde, aber immer unheimlich grässliche Kopfbedeckungen. Heute hatte sie sich für ein giftgrünes Filzmützchen mit einer dicken baumelnden Blume an der Seite entschieden. Dies führte unweigerlich zu unserer allgemeinen Belustigung. Klar, sie konnte es nicht lassen, die vorher friedlich grasenden und spielenden Pferde mit einer Extra-Handvoll Gras, als hätten sie nicht genug, zu füttern. Oh Mannomann, das brachte mir ein paar Aktionsfotos ein. Trotzdem waren wir alle verärgert über solche Ignoranz. Nach ein paar Minuten beruhigten sich alle aufgebrachten Gemüter wieder. Nur Theresiaaa war in unserer Achtung noch einen Meter weiter gesunken.

Außer den Pferden züchtet die Familie noch in großem Stil Tomaten. Wir kamen in den Genuss, die leckersten davon zu kosten. Dass die Tomaten sehr süß und fruchtig schmecken, obwohl sie kaum Sonne zu Gesicht bekommen, liege an dem fruchtbaren Boden dort und dem reinen Wasser Islands, erklärte uns der stolze Besitzer. Die Gewächshäuser profitieren zudem ganzjährig von den heißen Quellen im Boden.

Miniatur-Island –
Lavagestein und grüne Kontraste

D er letzte Tag führte uns zur Halbinsel Snaefellsnes an der Atlantikküste mit Buchten aus feinstem, schwarzen Lavagestein und gigantischen Lavafelsen.

Die Insel wird auch Miniatur-Island genannt, da man auf diesem kleinen Stück Land sehr viel von der landschaftlichen Vielfalt sehen kann.

Von flachen saftig-grünen Weidelandschaften über hohe Berge bis zu atemberaubenden Lavafeldern.

Auf der Rückfahrt stärkten wir uns im gemütlichen Fischercafé Fjöruhsid mit einer Fischsuppe und Skyr-Kuchen. Eine Spezialität: In der Regel mit einheimischen Blaubeeren verfeinert, ähnelt er einem kastenförmigen Marmorkuchen ohne Marmor, mit dickem Zuckerguss. Mein Mann vertilgte drei Stücke, das sah ihm wieder ähnlich, der Sixpackbauch musste schließlich genährt werden. Die isländische Küche ist an sich einfach und besteht neben Lammfleisch, Milchprodukten und vielen Arten von Seefisch aus Garnelen und – gerne angeboten – honigglasiertem Lachs.

Um Fisch und Fleisch zu konservieren, werden sie heute noch gesäuert, gepökelt, getrocknet, geräuchert oder in Molke eingelegt.

Damals aus der Not geboren, wurde der Hai monatelang fermentiert, dadurch verschwinden die natürlichen Gifte im Fisch. Trotzdem bleiben der Geruch und Geschmack von Ammoniak erhalten.

Speziell zum ‚Porrablot' am Winterende werden die auf traditionelle Art konservierten Speisen gegessen. Eine rituelle Winteraustreibung, um danach das Frühjahr mit seinen frischen Lebensmitteln willkommen zu heißen. Diesen sogenannten Gammelhai bot man uns auch an, doch alleine der Geruch ließ uns alle dankend ablehnen, bis auf „Mäuschen". Sie probierte tatsächlich ein Stück dieses erbärmlich riechenden Hais. Und das, ohne ein Schnäpschen hinterher zu kippen.

Das schaffen selbst die hartgesottenen Isländer nicht. Nun, sie meinte, so schlimm sei es gar nicht gewesen und sie würde bestimmt hundert Jahre alt. Mir reichten 99 Jahre.

Kirkjufell

Noch ein kleiner Fotostopp am Grundarfjörður mit dem im Fjord gelegenen sattgrünen, 463 Meter hohen Kirkjufell. Diese interessant gebildete Anhöhe bietet einen beeindruckenden Anblick.

Die nette Reiseleiterin machte uns noch darauf aufmerksam, dass es in ganz Island keinen Bahnverkehr gebe. War mir noch gar nicht aufgefallen vor lauter wunderbaren Eindrücken. Da die meisten Menschen eh in und um Reykjavik leben, würde sich ein Schienennetz nun aber auch wirklich nicht lohnen.

Abschied

Nun am Abend mussten wir Abschied nehmen von einem bezaubernden Land und unserer Gruppe.

Wir mussten schon damit leben, der armen Theresiaaa das scheinbar – so wie es schien – schwere Leben noch mehr vermiest zu haben und sie, dass sie zu unserem Glück nicht einen von uns von einer Klippe gestürzt hat.

Wir wünschten uns allen eine gute Heimreise, und uns wünschten die direkt nach Köln fliegenden Teilnehmer noch einen netten Aufenthalt in Berlin, während sie dann wohl schon in ihren warmen Betten lägen, würden sie sicher an uns denken. Vielen lieben Dank auch.

Nicht nur, dass unser Flieger zwei Stunden Verspätung in Berlin hatte, auch stellten wir am Bahnhof fest: Der nächste Zug nach Aachen kam samstagmorgens erst um 6.15 Uhr, wir hatten 5.00 Uhr. So waren wir erst um 7.30 Uhr zu Hause, und an Schlaf war natürlich wieder mal nicht zu denken.

Wir erhielten später wenigstens von der Fluggesellschaft eine angemessene Entschädigung für die Kofferverspätung.

Was blieb, waren schöne Erinnerungen.

Natürlich konnte auch ich es nicht sein lassen – so als guter Tourist –, ein paar, ja, wirklich nur zwei, Steine als Souvenirs mit nach Hause zu schleppen. Ich hatte mein Wissen darüber, dass dies Unglück bringen werde, irgendwie verdrängt.

Doch dann überschlugen sich die Ereignisse zu Hause. Zuerst fing eine dicht am Haus stehende Zypresse Feuer und um ein Haar wäre die isolierte Hauswand in Brand geraten. Kurze Zeit später vergaß ich in meinem kleinen Zimmer eine Kerze auszublasen, am nächsten Morgen war mein Zimmer klütteschwarz, durchzogen von Rußfäden. Nach ein paar weiteren Tagen weckte mich in der Nacht unser Hund mit kontinuierlichem Gebell. Was für ein Glück. Mein Mann lag natürlich friedlich schnarchend, völlig tiefenentspannt, im Bett, während ich auf der Couch eingeschlafen war. Als ich wach wurde und mich schon ziemlich taumelig fühlte, sah ich, dass der Raum voller dichter Rauchschwaden war. Da ging im Flur auch schon der Feuermelder los, davon hat mein Mann natürlich auch nichts mitbekommen. Nachdem ich alle Fenster geöffnet hatte, sah ich, dass der Qualm aus dem Kamin kam. Das hätte übel ausgehen können.

Kurz vor unserer nächsten Flugreise zog ich mir eine Thrombose zu, mit einer dicken Lungenembolie, statt Kanaren: Intensivstation. Echt prima, das Fliegen hatte sich für dieses Jahr dann mal erledigt. Erst danach – ich hatte jetzt viel Zeit, um nachzudenken – kamen mir die nett drapierten Islandsteine in den Sinn und mir war klar, ich musste schnell handeln. Das konnte der einzige Grund für die vergangenen Ereignisse sein. Obwohl es in Strömen regnete, machte ich mich auf den Weg zu einem kleinen See in unserer Nähe. Die Steine hatte ich in ein mit Watte ausstaffiertes Kästchen gelegt und fand ein schönes Plätzchen für sie. Ich bat alle Trolle und Elfen auf dieser Erde um Verzeihung und hoffte, dass sie Gnade walten lassen würden.

Es kehrte tatsächlich bei uns Ruhe ein und ich schwor, nie wieder solch einen Fehler zu machen, und dies kann ich nur jedem Gläubigen oder Ungläubigen mit auf den Weg geben.

Eine Studie der Universität in Island besagt, dass sechzig Prozent der Einwohner auch heute noch an die Existenz der Trolle und Elfen glauben.

Es heißt, dass die Elfen, die Naturgeister Islands, in ihrem geheimen Volk, genannt Huldufoelk, häufig in den Steinformationen leben, welche immer noch existieren, und man kann sie häufig in Küstennähe bewundern, wobei die Trolle sich wohl mehr in die höher gelegenen Gefilde zurückgezogen haben, nachdem immer mehr Menschen sich hier ansiedelten und sich damit auch das Christentum ausbreitete. Die isolierte Lage des Landes lässt wohl zu, dass die Mythen hier so lange überlebt haben.

Die Geschichten und Sagen von den Elfen und Trollen werden von einer Generation zur nächsten weitergegeben.

In Reykjavik gibt es sogar eine Elfenschule, welche bei den Touristen sehr beliebt ist.

Neben Ausflügen zu den geheimen Orten stehen das Erlernen der 13 verschiedenen Elfenarten, drei Feenarten und der Unterschied zwischen

Gnomen und Trollen auf dem Stundenplan. Erst wenn man dies beherrscht, erhält man das Elfendiplom.

Sagen, Mythen und Religion existieren in Island in friedlicher Koexistenz.

Ich lese gerade, ein Jahr später, dass in Island kürzlich eine Inzest-App eingeführt wurde.

Das hört sich ja romantisch an, stellt euch mal vor, ihr sitzt in einem Café und lernt eine attraktive Frau kennen. Nach geraumer Zeit gebt ihr eure Namen in die App ein und dann geht ein Alarm los und rät euch, es beim Kaffeetrinken zu belassen, da ihr zu blutsverwandt seid. Damit ist der Abend schon mal gelaufen. Eine genealogische Datensammlung, die sogenannte Islendingabok, enthält Informationen von 720 000 Isländern, die seit dem 12. Jahrhundert auf dieser Insel gelebt haben. So kann man den eigenen Stammbaum bis zu den kleinsten und ältesten Verästelungen erkunden.

Das macht schon Sinn im Land der Patchworkfamilien und Verwandten. Denn die wenigen Kelten und Norweger, welche im Mittelalter ins Land kamen, blieben weitgehend unter sich und brachten so wenig frisches Blut ins Land.

Doch das Schöne ist: Die Isländer können mit jeder Situation humorvoll umgehen.

Zur Autorin

Als leidenschaftliche Krankenpflegerin pflegte und hegte ich über Jahrzehnte Menschen mit all ihren seelischen und körperlichen Leiden. Als Mutter von zwei Kindern beschloss ich in den Westerwald zu ziehen, dort einen kleinen Bauernhof zu kreieren, damit sie so naturverbunden wie möglich aufwachsen können. Die romantische Vorstellung vom Landleben entpuppte sich als ein hartes Stück Arbeit.

Wissbegierig und neugierig ließ ich keinen Workshop aus, vom Bioanbau über Bauchtanz und Trommeln bis zur spirituellen Szene.

Heute, ruhiger geworden, Oma von 5 Enkelkindern, bin ich Reikimeisterin und wenn uns nicht gerade mal wieder eines von den bunten, ansprechenden Reiseprospekten in den Bann gezogen hat, um die nächste Reise zu unternehmen, schreibe ich meine Bücher und genieße das Leben unter Freunden und mit der Familie.